글 하늘땅

그림책을 기획하고 만드는 일을 하고 있습니다.
그동안 만든 책으로는 〈자연이랑〉, 〈심쿵〉, 〈우리아람이〉,
〈과학특공대〉, 〈지식특공대〉 등이 있습니다.
하늘땅은 아이들에게 평생 기억될 수 있는 그림책을 만들기 위해 노력하고 있습니다.

그림 인강, 해영

인강은 동덕여자대학교와 이탈리아에서 금속공예를 전공했고,
〈하나 하면 하나인 것은〉으로 한국출판대상을 받았습니다.
해영은 성신여자대학교에서 조소를, 미국에서 커뮤니케이션 아트를 전공했고,
지금은 만드는 일에 푹 빠져 지내고 있습니다.
〈위로 위로 케이블카〉는 인강과 해영이 공동 작업했으며,
같이 작업한 책으로는 〈홍동지 놀음〉, 〈놀자, 놀자, 나랑 놀자〉, 〈박사 연구실〉이 있습니다.

감수 신항균

성균관대학교 대학원 수학과를 졸업했습니다.
공군사관학교와 우석대학교 교수를 역임했고,
미국 애리조나 주립대학교 수학과 교환교수로도 활동한 바 있습니다.
지금은 서울교육대학교 수학교육과 교수로 재직 중이며,
동 대학교 초등수학교육연구소장으로 있습니다.
또한 서울교육대학교 영재교육원 운영위원으로도 활동하고 있습니다.
초등학교와 중학교, 고등학교에 이르기까지 수학교과서 집필책임교수로 활동했고,
저서로는 〈수학사와 수학이야기〉, 〈클릭 수학나라〉, 〈영재들의 1등급 수학교실 시리즈〉가 있습니다.

1단계 열까지 세기 01

위로 위로 케이블카

글 **하늘땅** 그림 **인강, 해영** 감수 **신항균**
펴낸곳 **(주)아람키즈** | 펴낸이 **이소영** | 주소 **서울특별시 성동구 성수이로 147 아이에스비즈타워 2F**
고객센터 **1644-4521** | 팩스 **02-468-5548** | 홈페이지 **www.aramkids.co.kr** | 출판등록 **제2020-000011호**
기획 편집 디자인 **(주)아람키즈 하늘땅**
ISBN **979-11-6543-542-4 979-11-6543-509-7(세트)**

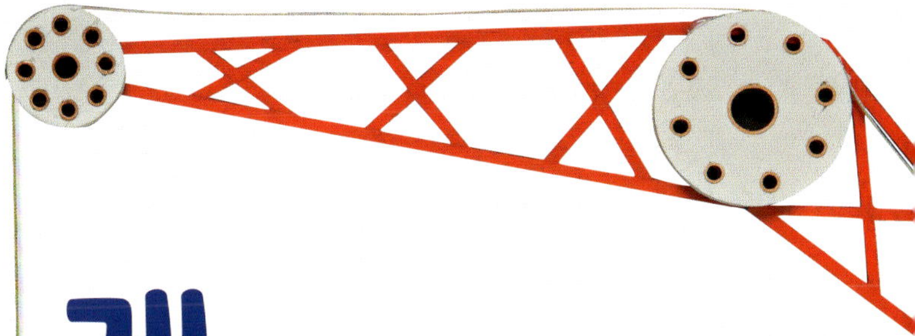

위로 위로 케이블카

글 하늘땅 · 그림 인강, 해영 · 감수 신항균

아람키즈

위로 위로 *케이블카, 어디까지 올라갈까?

"**1**층입니다."

딩동, 문이 열리면 표지판 숫자가 **1**.

홀쭉이 기린도 **하나**.

“2층입니다.”
딩동, 문이 열리면 *표지판 숫자가 **2**.
뒤뚱뒤뚱 오리도 **둘**.
둘은 **하나**보다 **하나** 더 많아.

"3층입니다."
딩동, 문이 열리면 표지판 숫자가 3.
*__팔랑팔랑__ 나비도 **셋**.
셋은 **둘**보다 **하나** 더 많아.

“4층입니다.”
딩동, 문이 열리면 표지판 숫자가 4.
길 잃은 반짝 별도 **넷**.
넷은 **셋**보다 **하나** 더 많아.

"5층입니다."
딩동, 문이 열리면 표지판 숫자가 5.
아프리카 ***원주민**도 **다섯**.
다섯은 **넷**보다 **하나** 더 많아.

1584

“6층입니다.”
딩동, 문이 열리면 표지판 숫자가 6.
*느릿느릿 달팽이도 **여섯**.
여섯은 **다섯**보다 **하나** 더 많아.

"7층입니다."
딩동, 문이 열리면 표지판 숫자가 7.
*펄럭이는 깃발도 **일곱**.
일곱은 **여섯**보다 **하나** 더 많아.

"8층입니다."
딩동, 문이 열리면 표지판 숫자가 8.
동글동글 오뚝이도 **여덟**.
여덟은 **일곱**보다 **하나** 더 많아.

"**9**층입니다."

딩동, 문이 열리면 표지판 숫자가 **9**.

달콤한 ***솜사탕**도 **아홉**.

아홉은 **여덟**보다 **하나** 더 많아.

1
2

종이를 펼쳐 보아요.

"**10**층에 도착했습니다."
딩동, 문이 열리면 표지판 숫자가 **10**.
귀여운 외계인도 **열**.
열은 **아홉**보다 **하나** 더 많아.
"위로 위로 나라에 오신 것을 환영합니다."

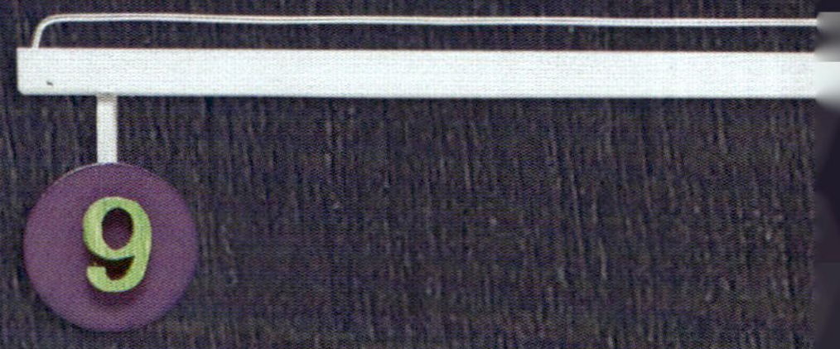

1
2
3
4
5

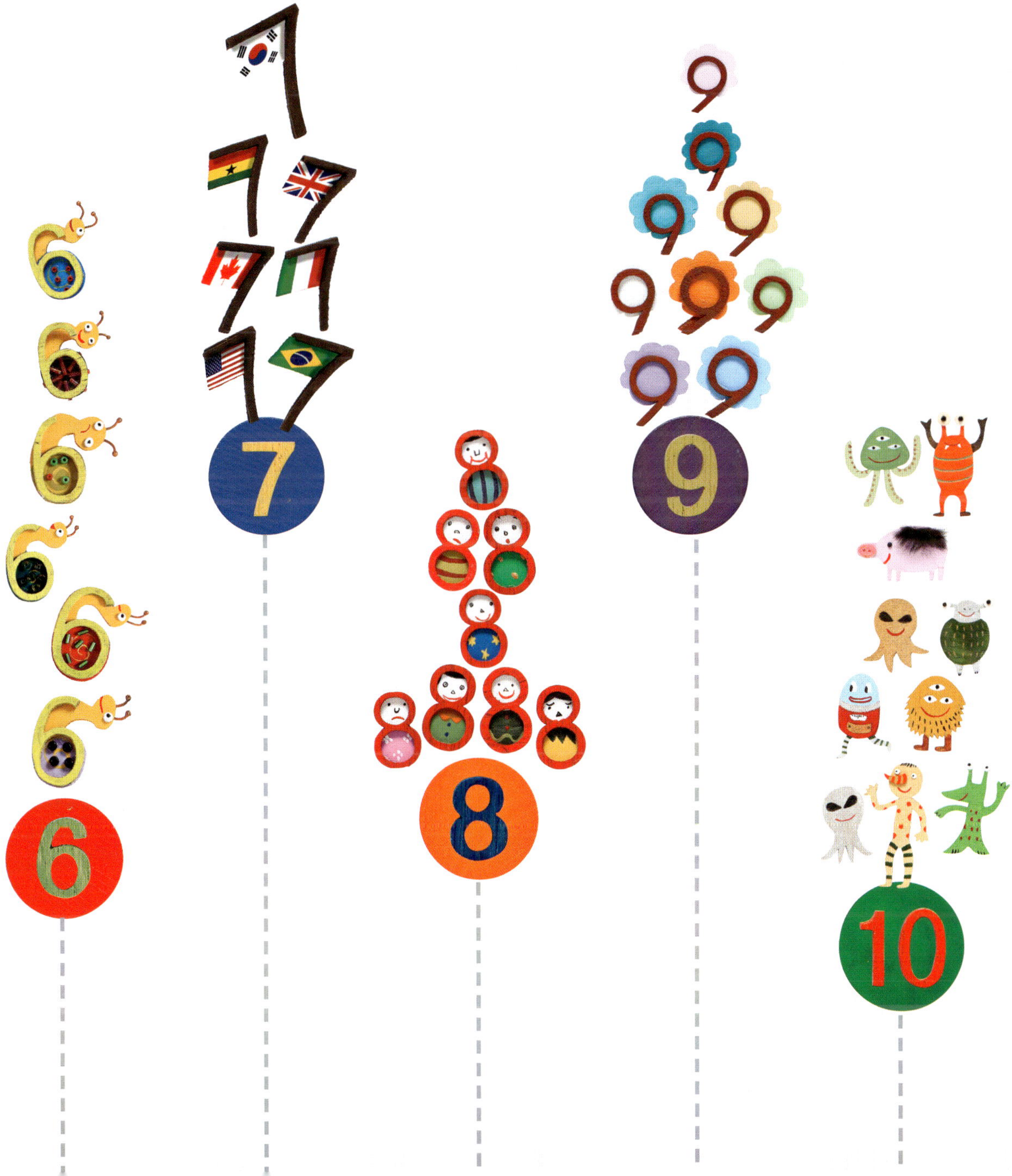
6
7
8
9
10

5
6

3
4

엄마가 보기

하나부터 열까지 세어 보아요

기계적으로 수를 세는 활동에서 한 단계 발전하여, 아이가 수량에 대한 개념을 깨쳐 갈 수 있도록 돕는 책입니다. 따라서 아이는 점차 숫자와 수량을 비교할 수 있게 됩니다. 숫자 노래 부르기 등 다양한 활동을 통해서 아이가 숫자와 수량을 비교하며 생각할 수 있도록 지도해 주십시오.

이 책의 이야기를 들여다보면, 1층에서는 숫자 1을 닮은 기린 '하나'가, 2층에서는 숫자 2를 닮은 오리 '둘'이 케이블카에 올라탑니다.

이렇게 숫자 1은 어떤 물체가 '하나' 있는 것을 나타내고, 숫자 2는 '둘'이 있다는 것을 나타냅니다.

그리고 수를 읽을 때에는 1부터 10까지 수를 일, 이, 삼, 사, 오, 육, 칠, 팔, 구, 십이라고 읽기도 하고, 하나, 둘, 셋, 넷, 다섯, 여섯, 일곱, 여덟, 아홉, 열이라고도 읽습니다.

10을 '**십**'으로 읽을 때는 수의 차례나 번호를 나타낼 때이며, '**열**'로 읽을 때는 개수나 횟수 등을 나타낼 때입니다.

또한 둘은 하나보다 하나 더 많고, 셋은 둘보다 하나 더 많다는 것을 알려 주십시오. 아울러 셋보다 하나 적으면 둘이고, 넷보다 하나 적으면 셋이라는 것을 통해 하나 적은 수와 많은 수를 알려 주십시오.

아이가 보기

케이블카에 어떤 숫자들이 탔나요?

케이블카에 탄 숫자들을 세어 보아요.

나비가 **셋**

원주민이 **다섯**

오뚝이가 **여덟**

솜사탕이 **아홉**

아이와 함께 하기

함께 해 보아요

집에 있는 과일이나 채소를 이용해서 샐러드를 만들어 보기로 해요.
샐러드에 어떤 재료가 몇 개 들어갔을까요? 빈칸에 알맞은 숫자를 써 보아요.

농장에 동물들이 모여 있어요.
각각 몇 마리씩인지 세어 보고, 빈칸에 알맞은 숫자를 써 보아요.